5

6

11

10

12

Auf der Baustelle

Ordne die Puzzleteile richtig zu!

So wird es gemacht:

Öffne das mini LÜK®-Kontrollgerät und lege die Plättchen in den unbedruckten Deckel.

Jetzt kannst du auf den Plättchen und auf der Bodenplatte die Zahlen 1 bis 12 sehen.

Beispiel: Seite 2

Tiere am See

Nimm ein Plättchen, z.B. das Plättchen 1 und sieh dir das Tier auf dem Bildausschnitt Nr. 1 an. Wo findest du das Tier auf dem Bild oben wieder? Es ist die Libelle mit der Nummer 4. Das ist auch die Feldzahl, auf der du das Plättchen ablegst.

Lege also das Plättchen 1 auf das Feld 4 der Bodenplatte. Die Zahl **1** soll nach oben zeigen.

1	2	3	4	5	6
7	8	9	10	11	12

So arbeitest du weiter, bis alle 12 Plättchen auf der Bodenplatte liegen. Schließe dann das Gerät und lege es herum. Öffne es von der Rückseite!

Wenn du das bei der Übungsreihe abgebildete Muster siehst, hast du alle Aufgaben richtig gelöst. Passen einige Plättchen nicht in das Muster, dann hast du dort Fehler gemacht. Wende diese Plättchen dort, wo sie liegen, um, schließe den Kasten, lege ihn herum und öffne ihn wieder.

Nun kannst du sehen, welche Aufgaben du falsch gelöst hast.

Nimm jetzt diese Plättchen heraus und suche die richtigen Ergebnisse! Kontrolliere dann noch einmal! Stimmt jetzt das Muster?

So wie eben beschrieben, werden die Puzzle- und Suchbilder gelöst. Es gibt auch Übungen, bei denen du dich zwischen ja ☺ oder nein ☹ bzw. zwei Möglichkeiten entscheidest. Neben diesen Symbolen bzw. neben dem richtigen Bild steht dann die Feldzahl, auf der du das Plättchen ablegst.

Und nun viel Spaß!

Dieses Papier wurde aus chlorfrei gebleichtem Zellstoff hergestellt

Tiere am See

Wo findest du diese Tiere auf dem Bild wieder?

9

3

11

1

0

8

5

7

2

4

2

6

Ist das ein Spielzeug?

Antworte bitte mit ja ☺ oder nein ☹!

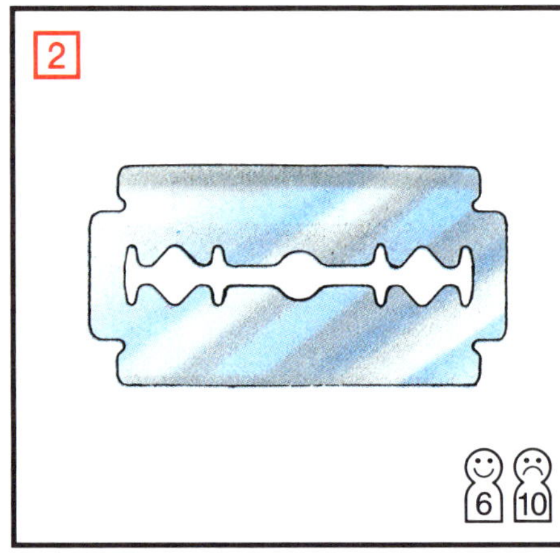

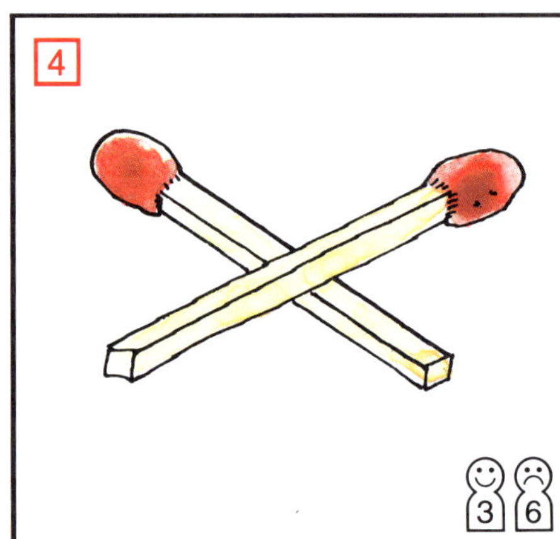

7
1
12

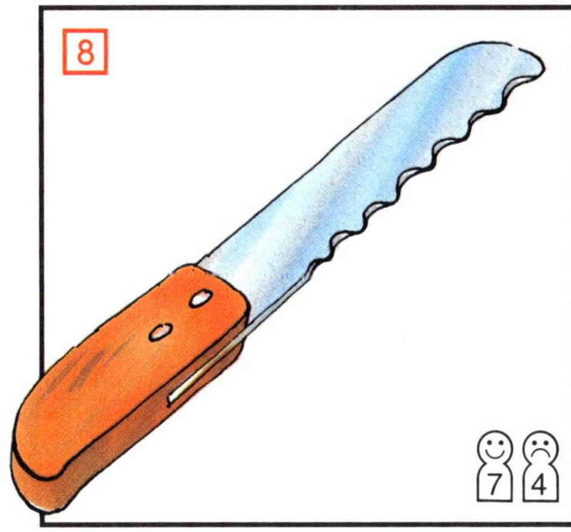
8
7
4

9
1
5

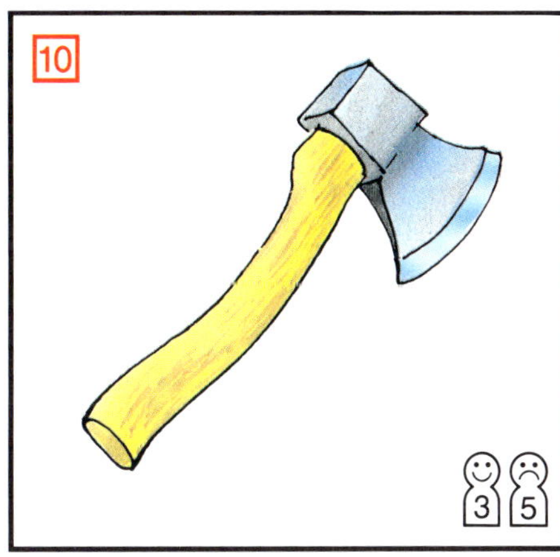
10
3
5

11
2
7

12
3
10

Was findest du in der Küche?

Wähle aus zwei Möglichkeiten!

1

2

10

2

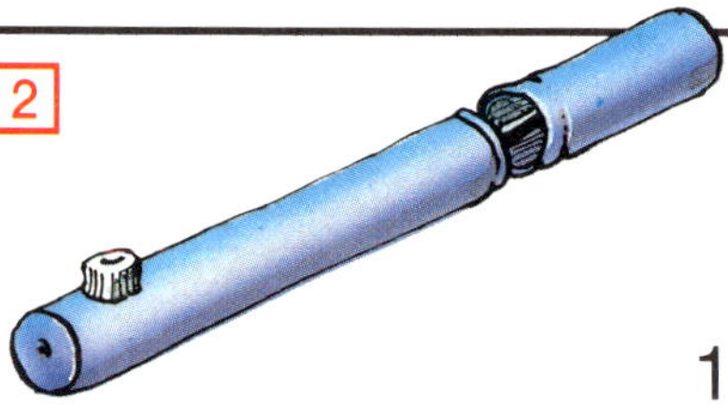

1

6

3

3

12

4

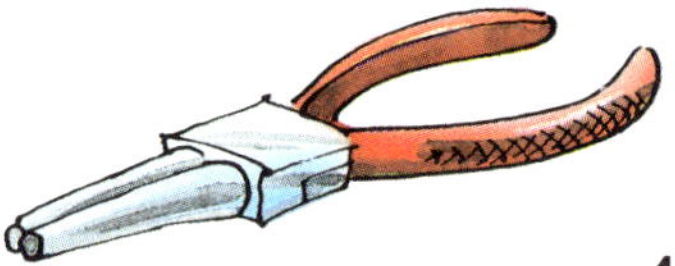

4

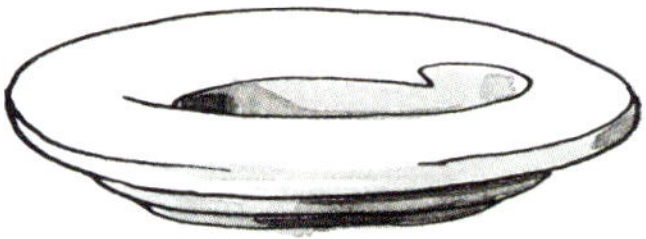

1

5

9

8

6

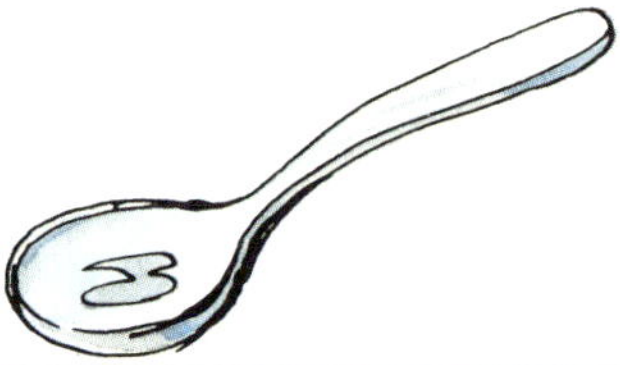

5

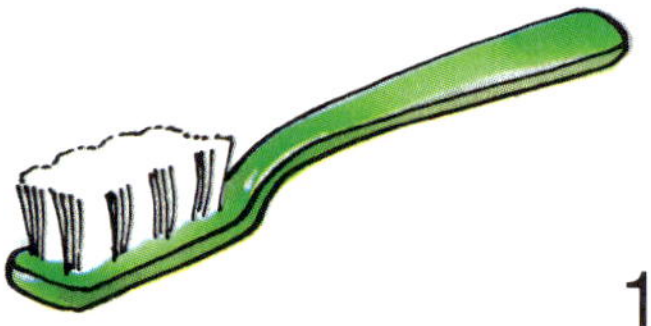

11

7

4

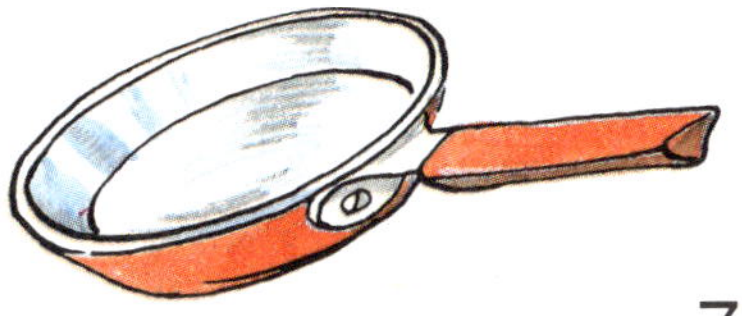

7

8

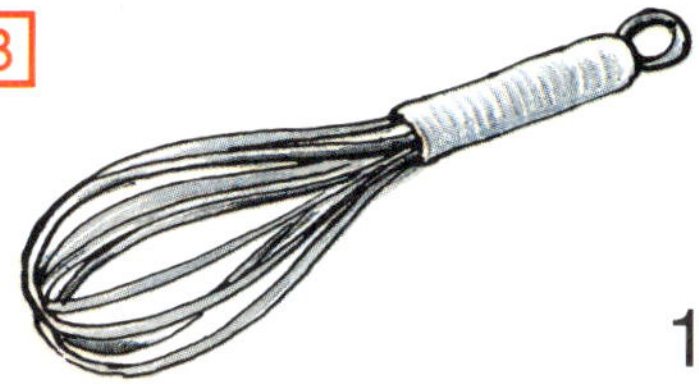

12

10

9

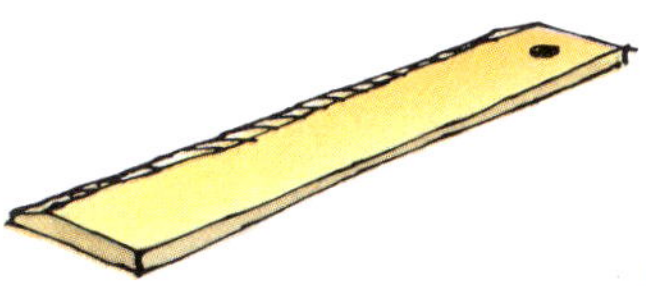

8

4

10

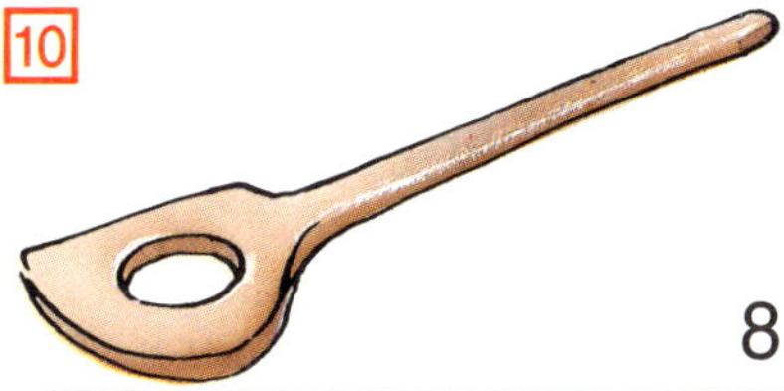

8

11

11

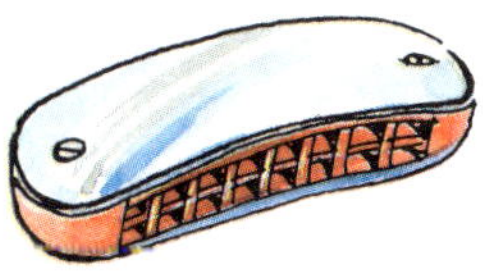

9

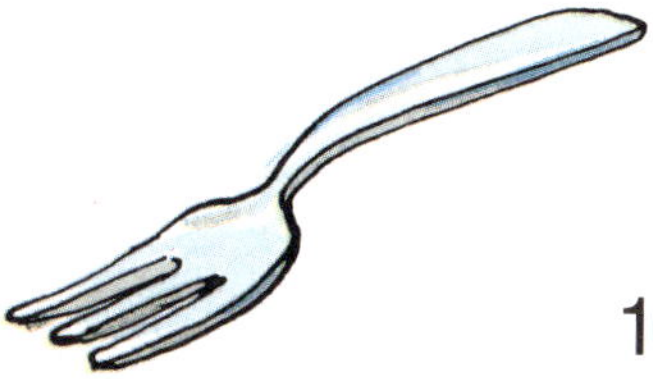

10

12

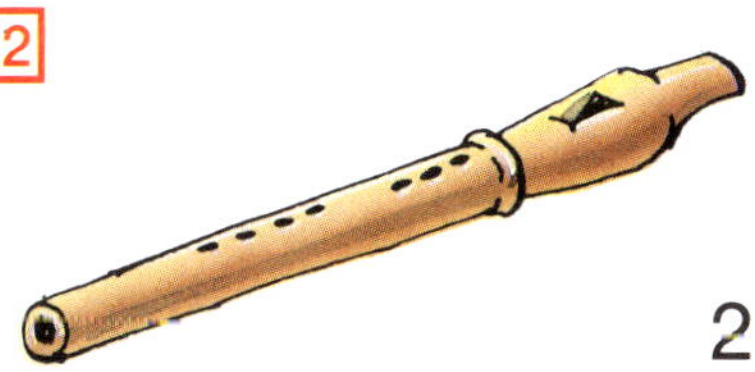

2

11

Auf dem Bauernhof

Entdeckst du alle Puzzleteile?

1

3

10

11
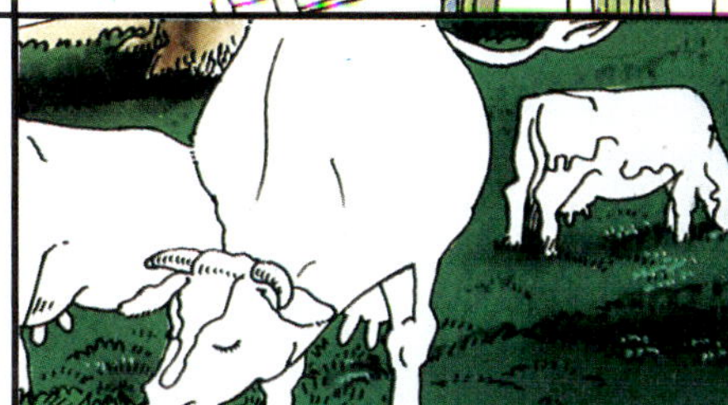
8

12

2

4

6

7

9

5

Sind das Tiere für die Wohnung?

Entscheide dich, ob ja ☺ oder nein ☹!

1

☺ 9 ☹ 8

2

☺ 6 ☹ 5

3

☺ 2 ☹ 11

4

☺ 12 ☹ 10

5

☺ 8 ☹ 7

6

☺ 6 ☹ 4

7
3
4

8
11
3

9
7
1

10
3
12

11
2
7

12
10
12

Im Werkzeugkeller

Wo gehört das alles hin?

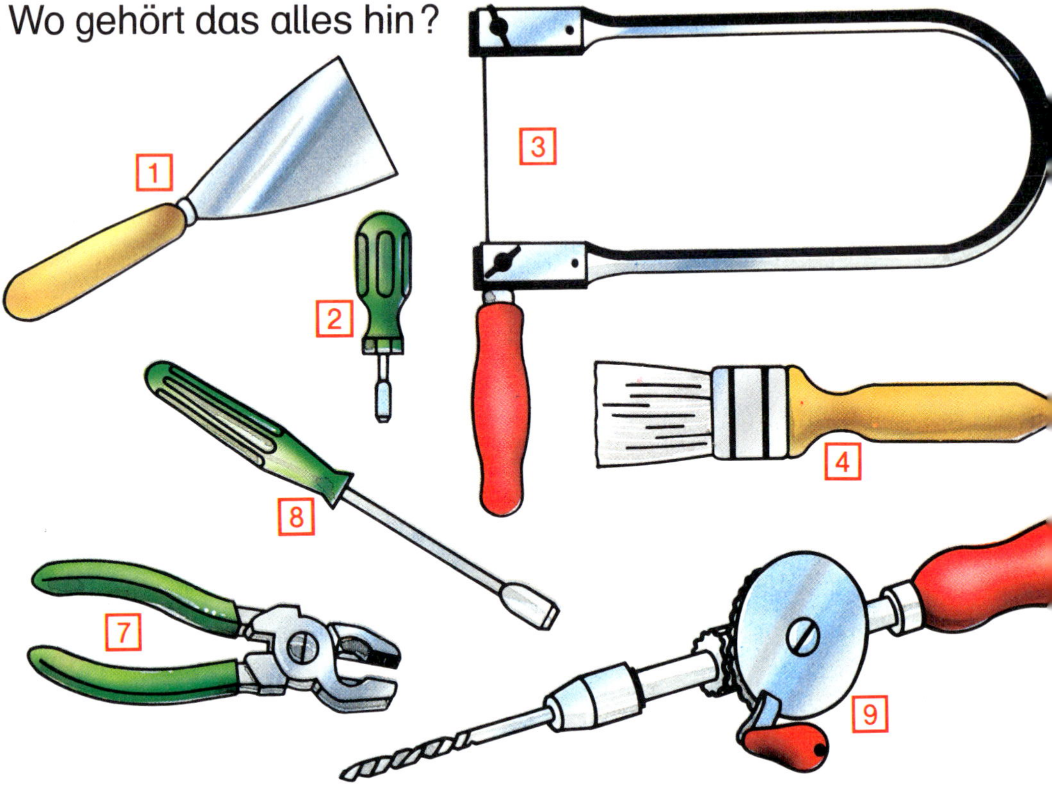

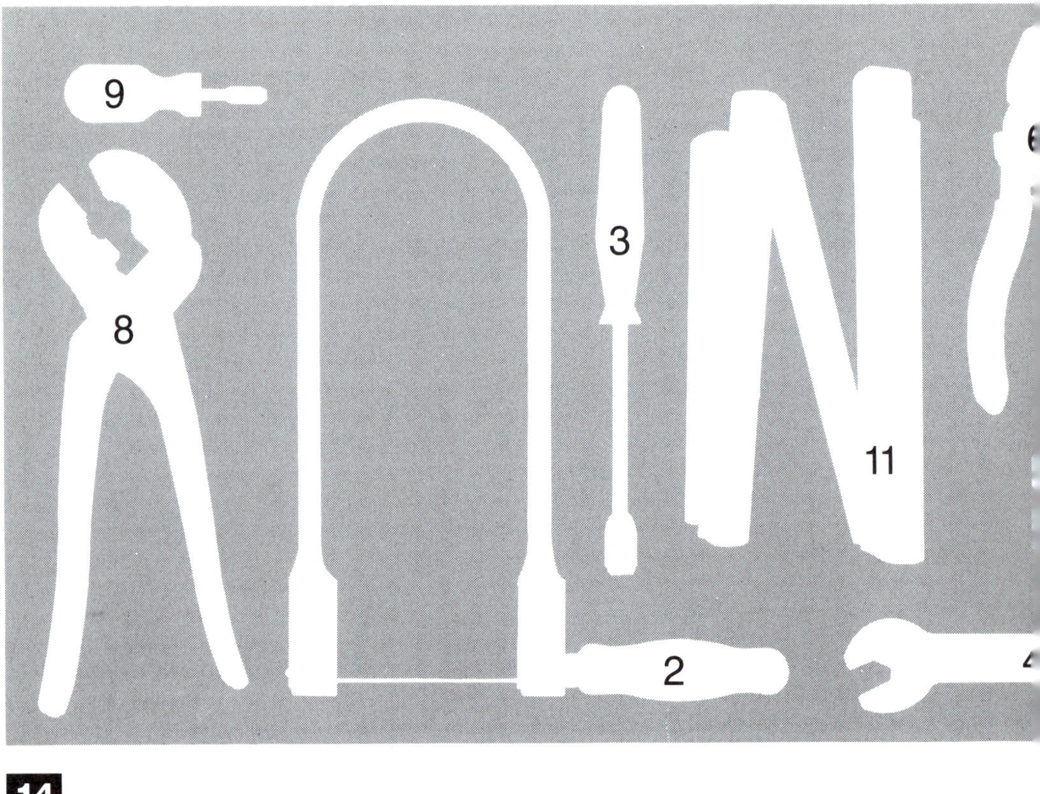

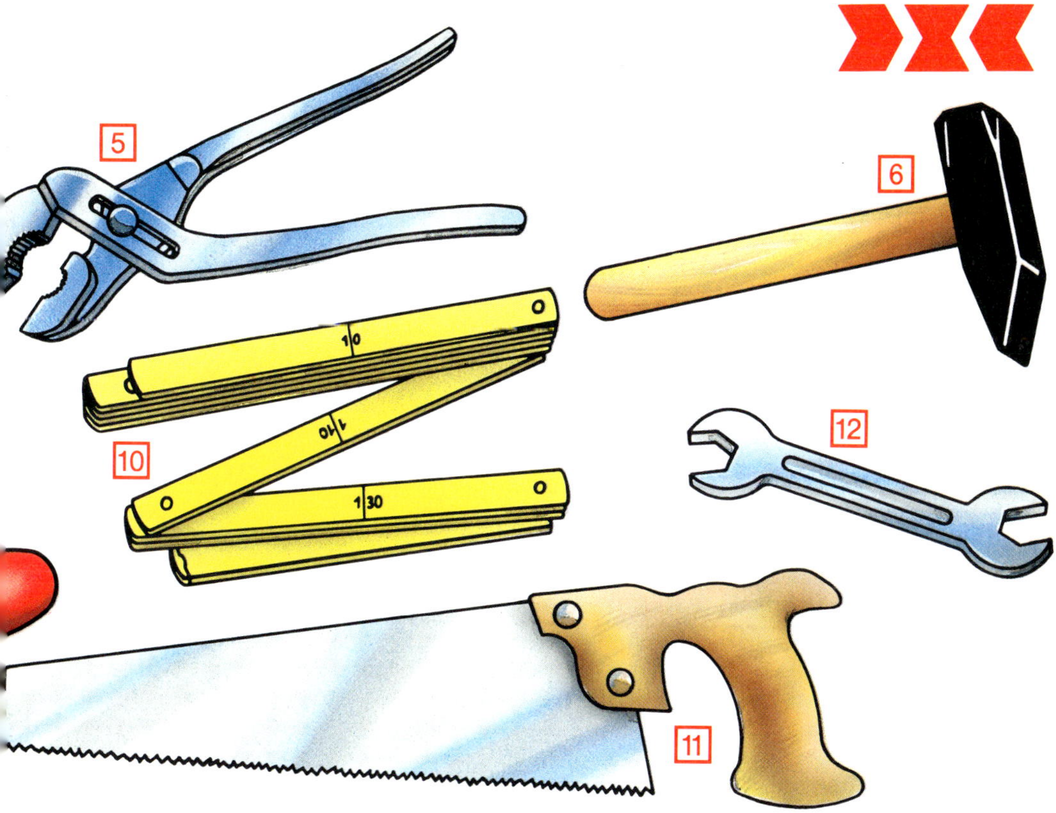
5
6
10
12
11

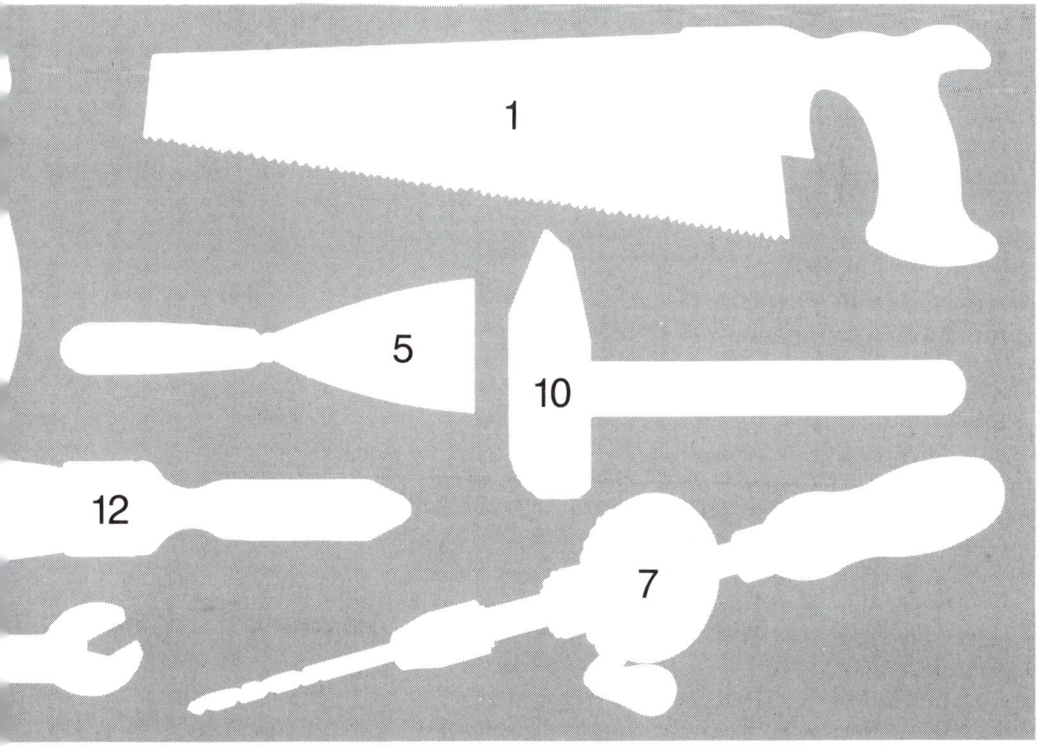
1
5
10
12
7

Feuer, Feuer!

Ordne alle Puzzleteile richtig zu!

11
1
3
71
2
8
5
12
9
4
6
POLIZEI
10
7

Kann das der Bäcker backen?

Ja ☺ oder nein ☹?

1

2

3

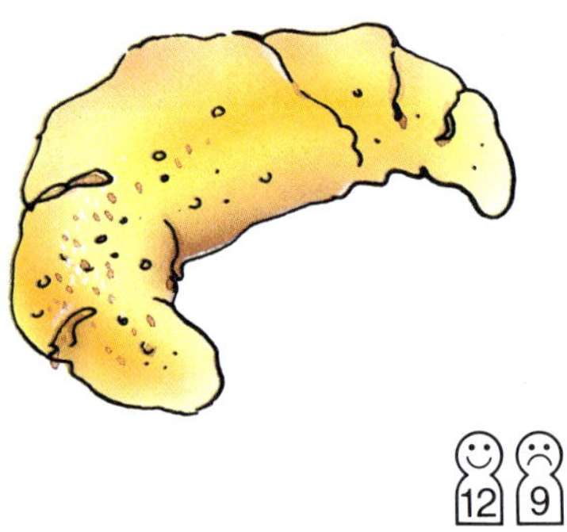

4

5

6

7
5
2

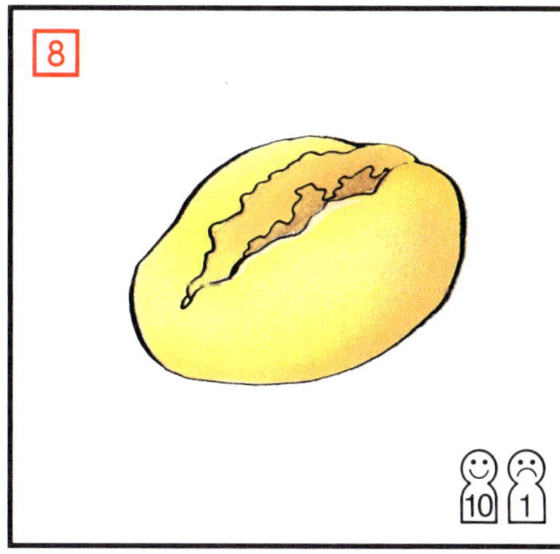
8
10
1

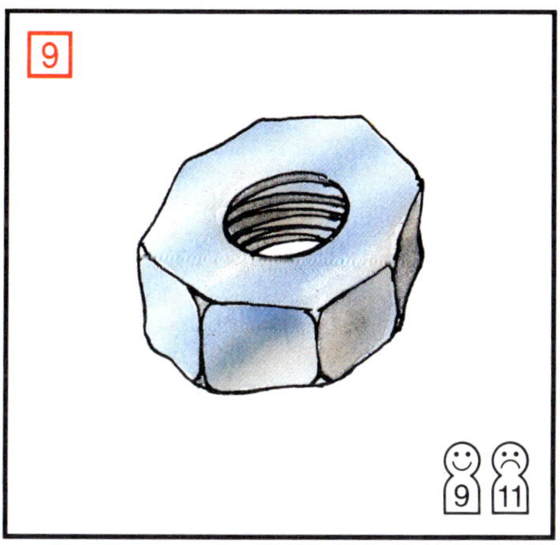
9
9
11

10
1
9

11
3
5

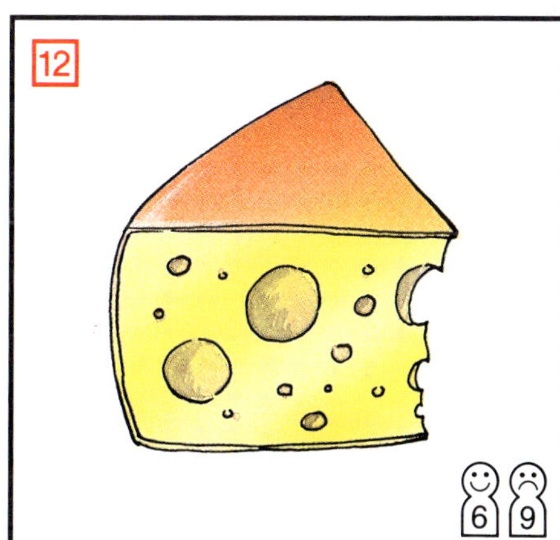
12
6
9

Womit spielst du in der Sandkiste?

Wähle aus den beiden Möglichkeiten!

1

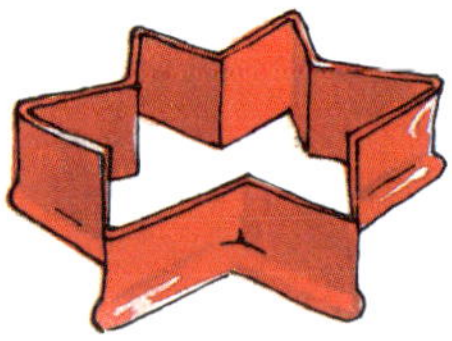

8

3

2

8

12

3

10

1

4

7

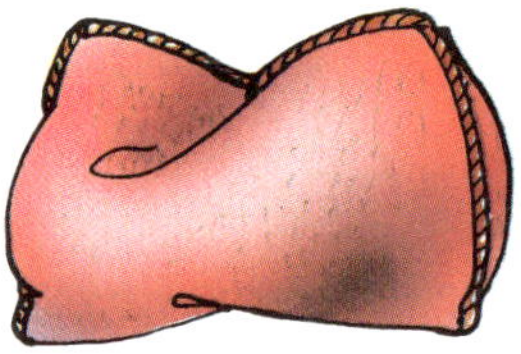

2

5

11

4

6

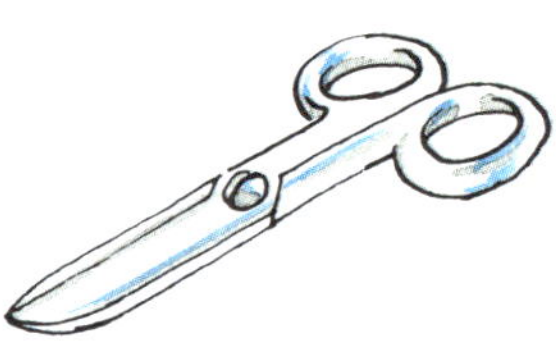

5

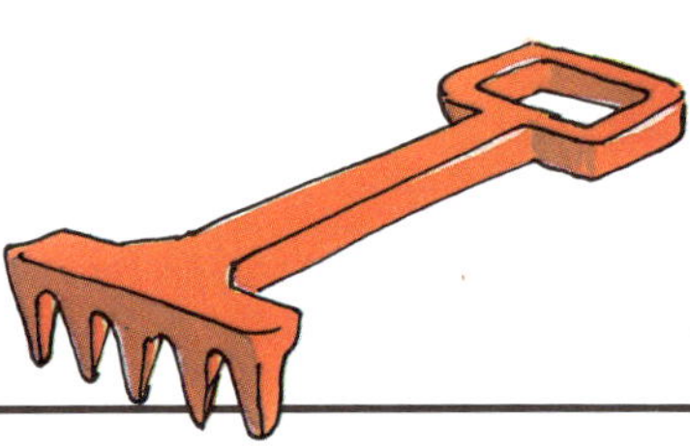

11

7

9

1

8

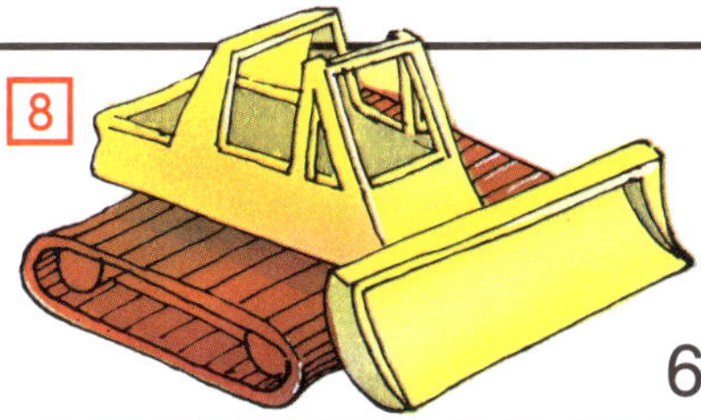

6

4

9

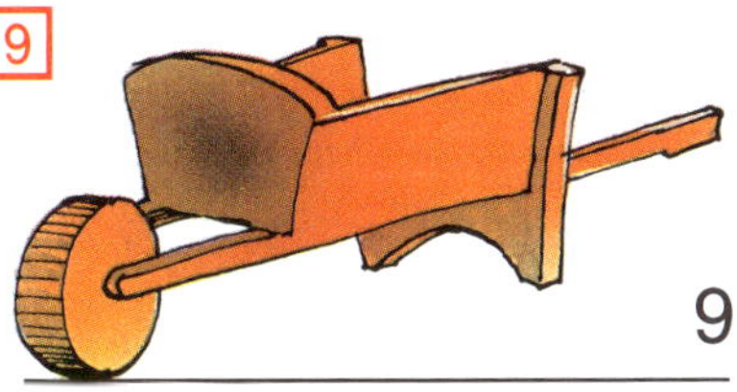

9

3

10

5

2

11

3

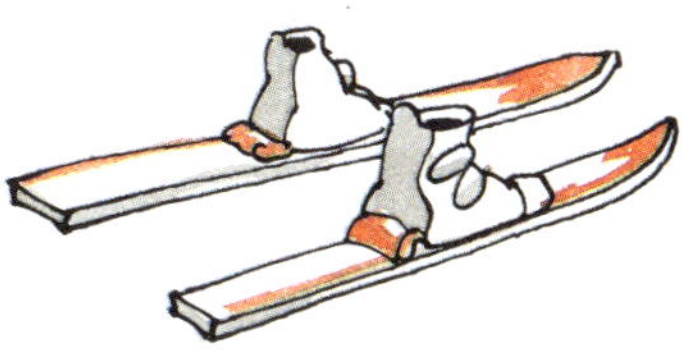

1

12

10

5

Im Zirkus Tarabum

Suche die Puzzleteile!

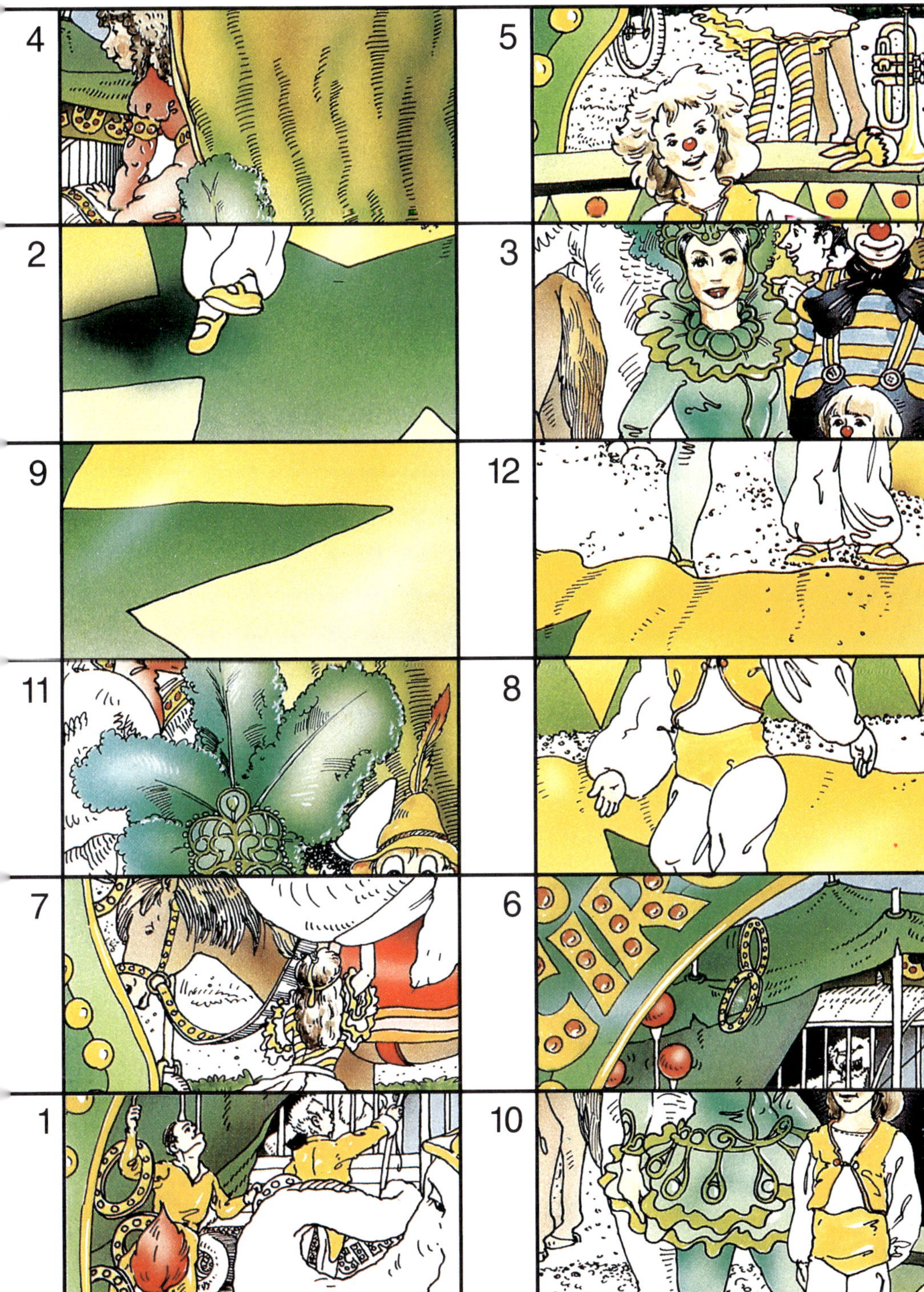
4
5
2
3
9
12
11
8
7
6
1
10

Tiere im Zoo

Wo findest du diese Tiere auf dem Bild wieder?

1

2

3

4

7

8

9

5

6

10

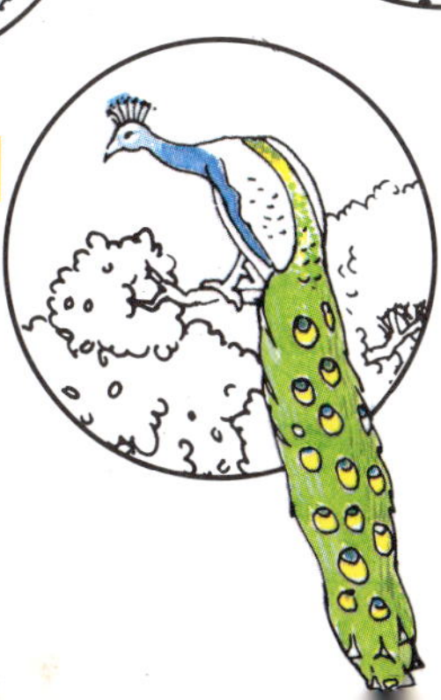

11

12

In der Stadt

Ordne die Puzzleteile richtig zu!

1

9

10

6

7

2

12

4

5

3

8

11

Brauchst du diese Sachen in der Schule?

Antworte bitte mit ja ☺ oder nein ☹!

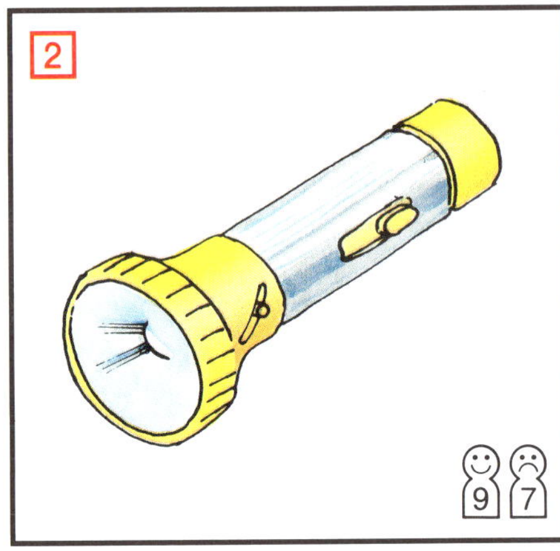

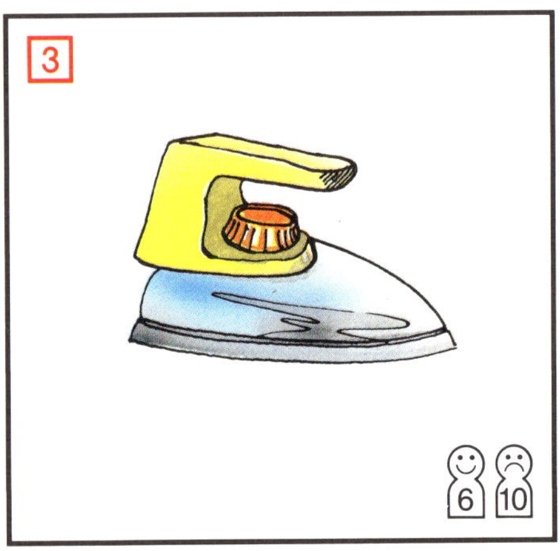

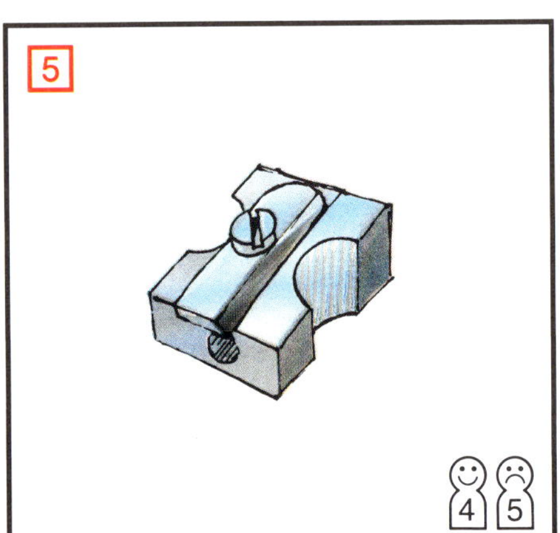

7

2 6

8

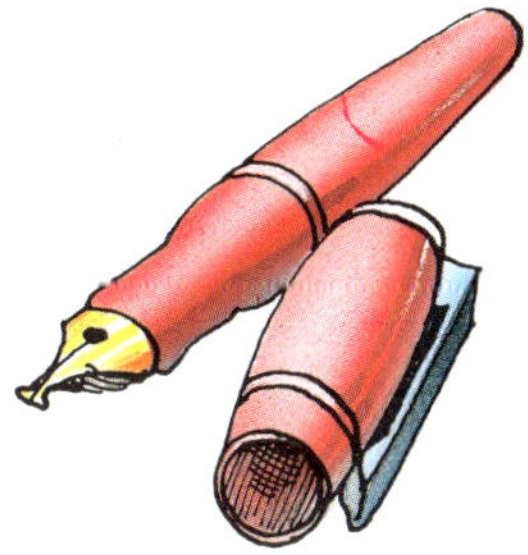

1 5

9

9 3

10

2 5

11

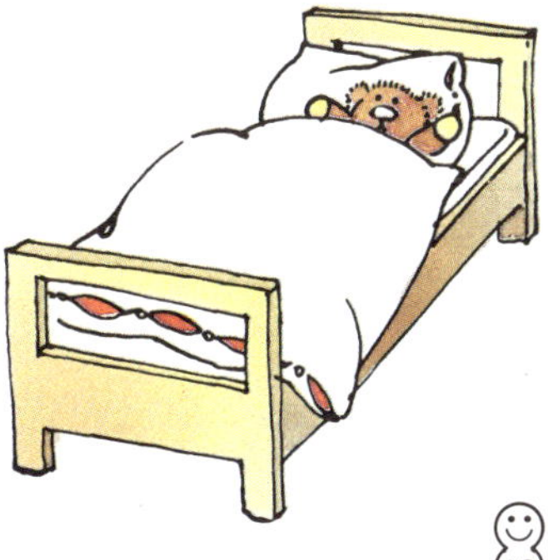

10 3

12

2 12

Was findest du im Badezimmer?

Wähle aus zwei Möglichkeiten!

1

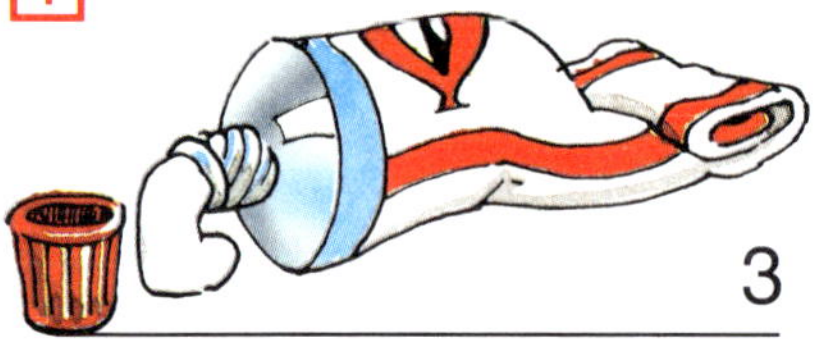

3

2

2

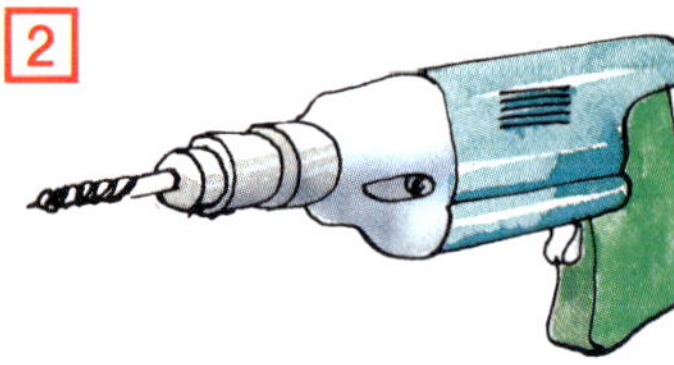

5

6

3

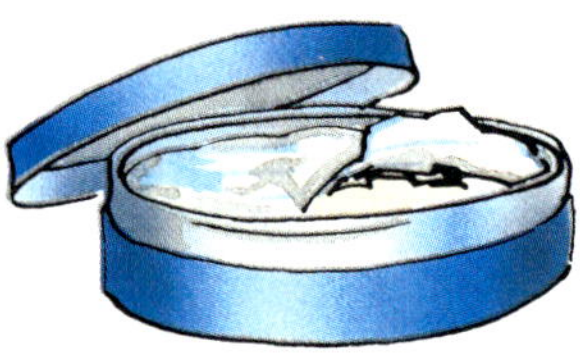

1

4

4

7

4

5

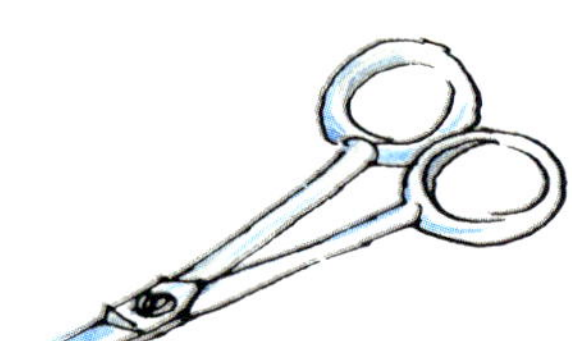

7

8

6

9

5

7

10

12

8

12

9

9

8

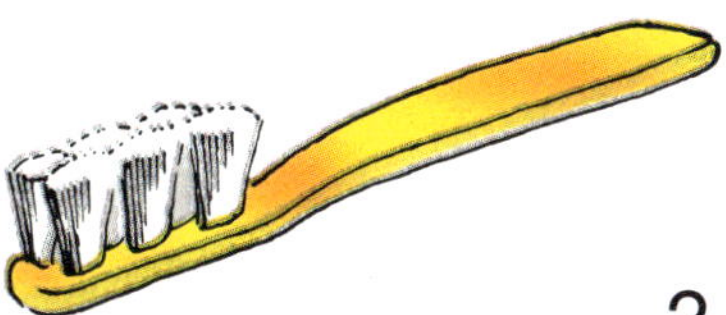

2

10

11

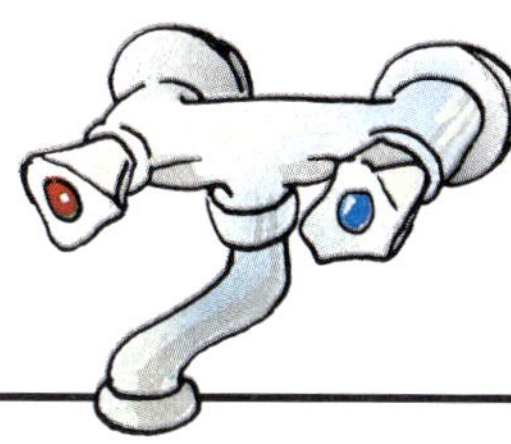

9

11

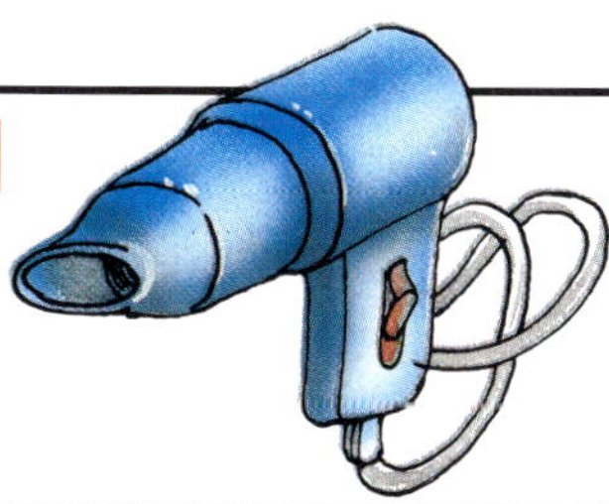

8

1

12

10

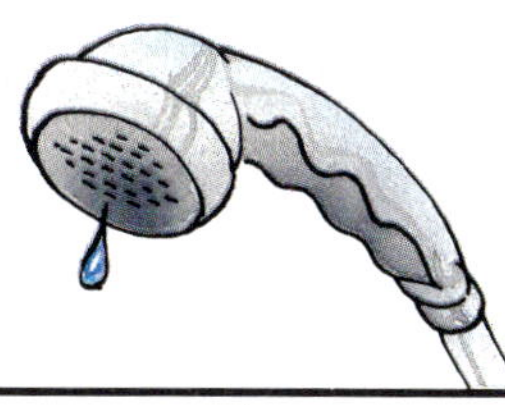

11

Auf dem Bahnhof

Entdeckst du alle Puzzleteile?

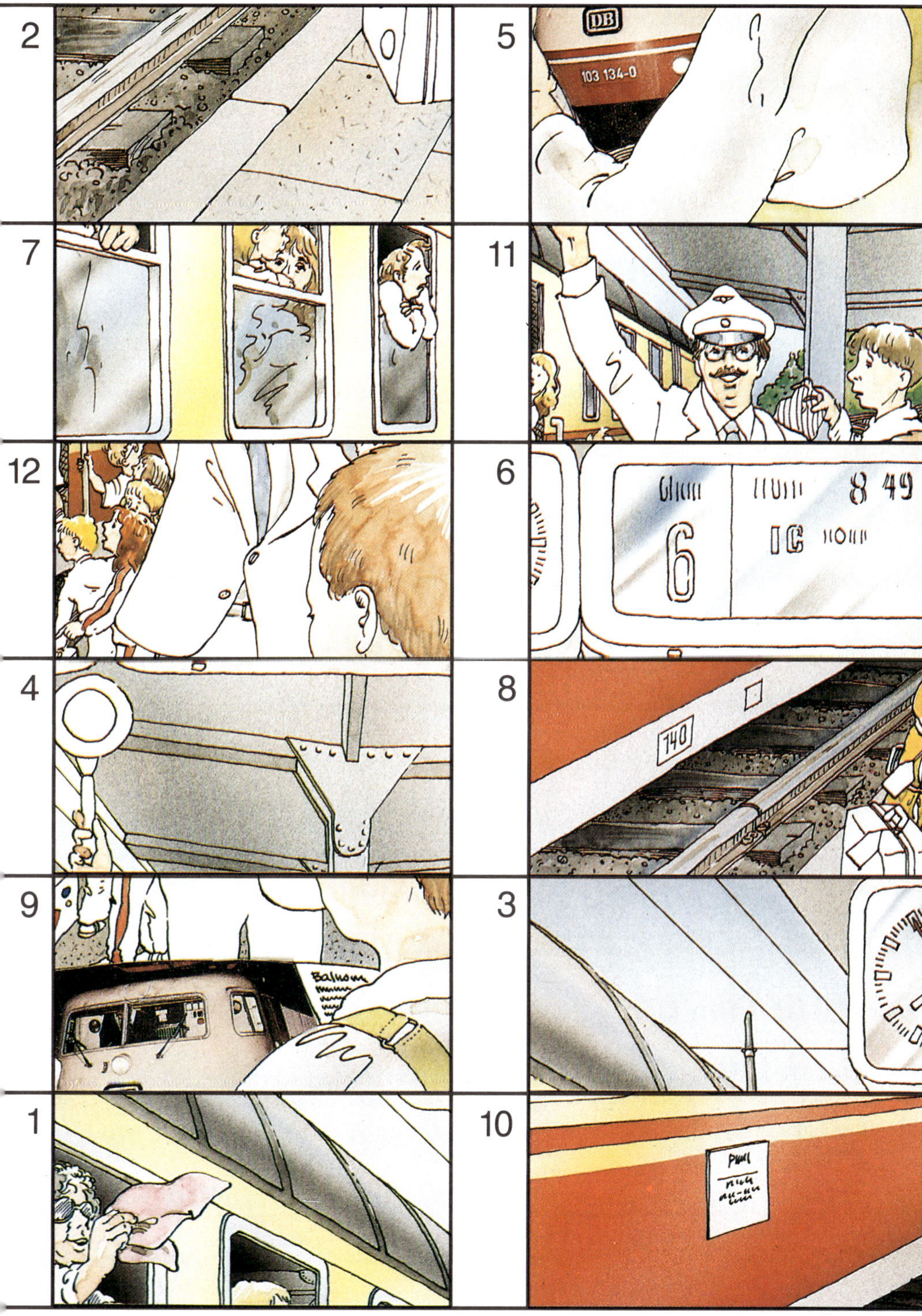
2
5
DB
103 134-0
7
11
12
6
6
8 49
IC
4
8
140
9
3
1
10

Kannst du das beim Schlachter kaufen?

Entscheide dich, ob ja ☺ oder nein ☹!

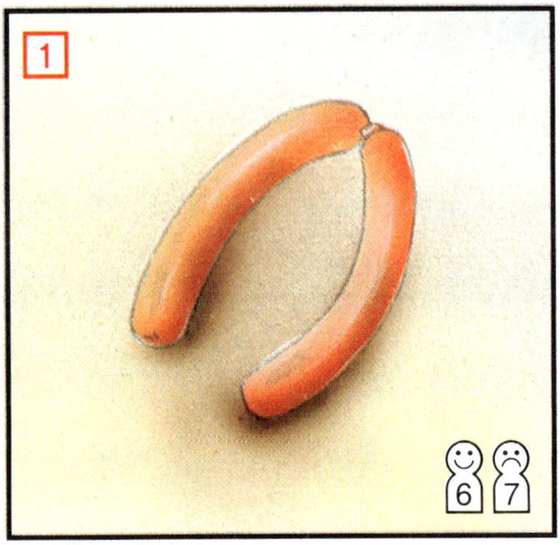

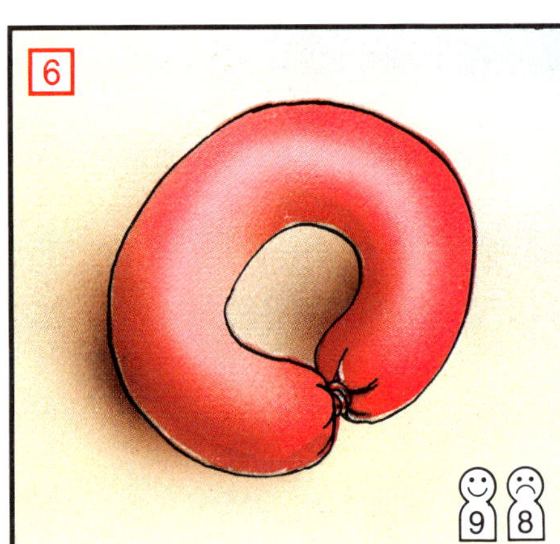

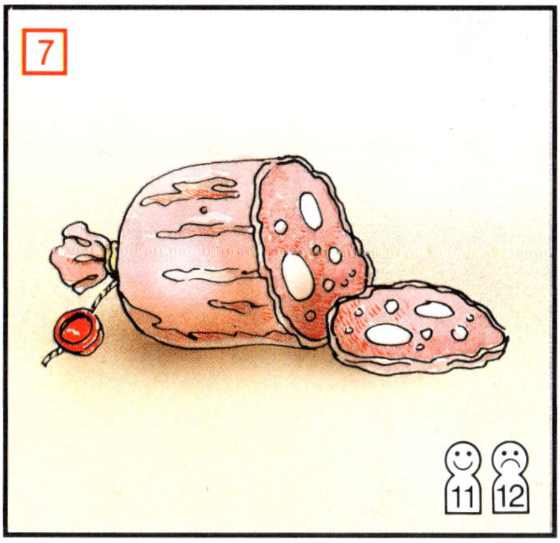
7
11
12

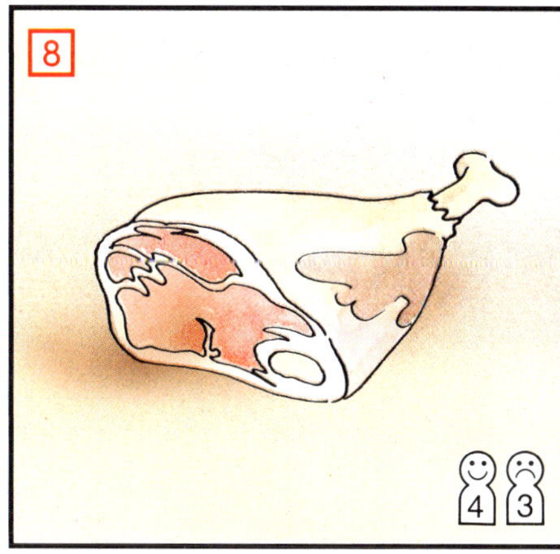
8
4
3

9
10
DEUTSCHE BUNDESPOST
3
2

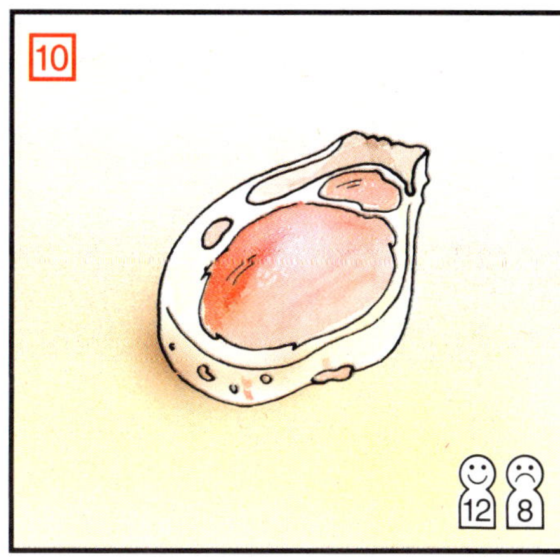
10
12
8

11
1
8

12
3
2

Das verkehrssichere Kinderfahrrad

Finde die abgebildeten Einzelteile!

10
11
9
7
5
8
12

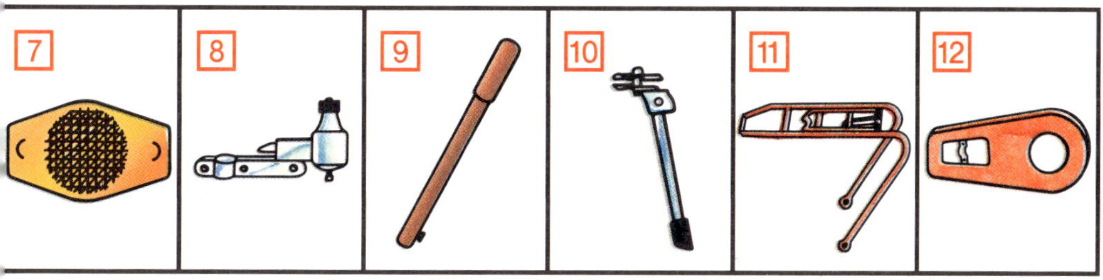
7
8
9
10
11
12

Im Schwimmbad

Ordne alle Puzzleteile richtig zu!

8

6

2

3

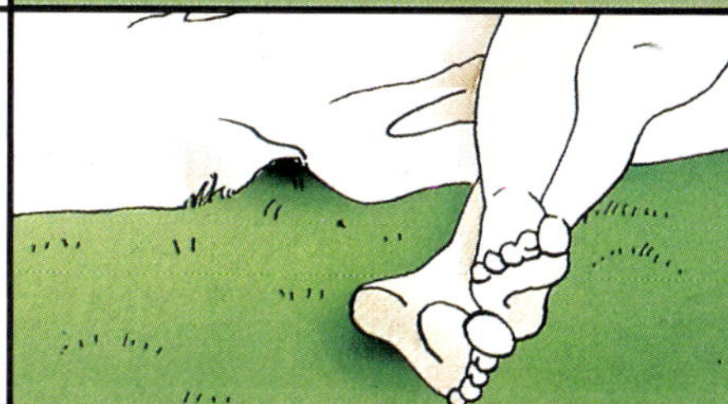

5

9

1

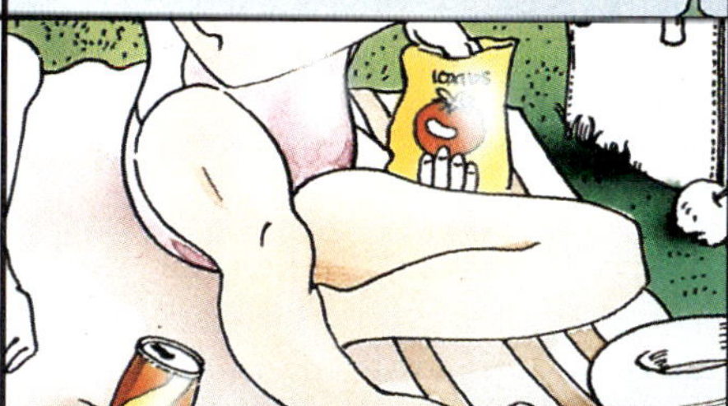

7

4

12

11

10

Leben diese Tiere im Wald?

Entscheide dich, ob ja ☺ oder nein ☹!

7
5
10

8
7
2

9
9
11

10
2
9

11
5
1

12
2
11

Wächst das in unserem Garten?

Entscheide dich, ob ja ☺ oder nein ☹!

7
4
6

8
7
11

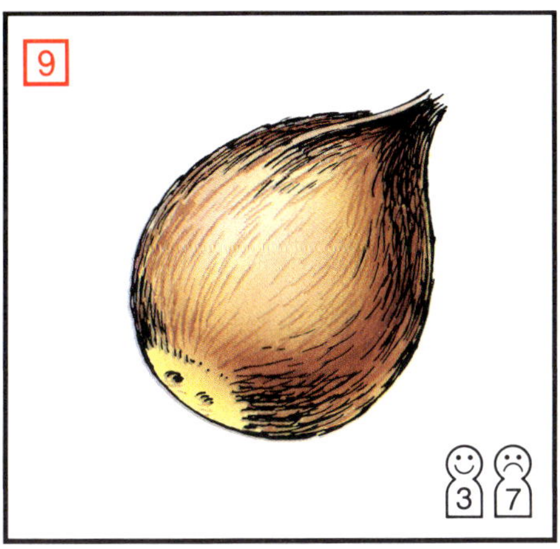
9
3
7

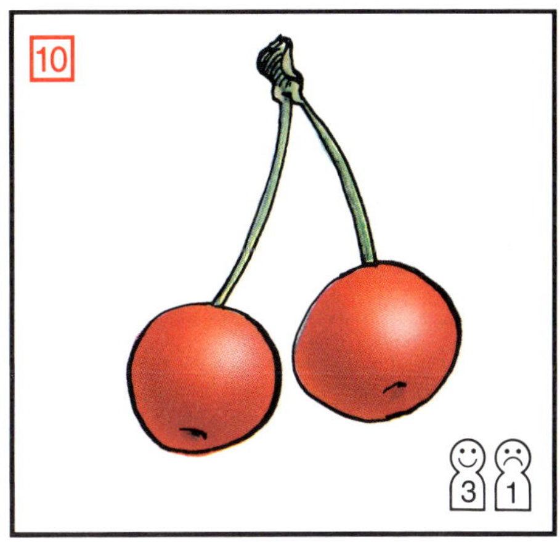
10
3
1

11
1
2

12
6
5

Auf dem Land

Suche die Puzzleteile!

1

6

5

9

3

8

11

4

12

2

10

7

Ein kunterbuntes Fabeltier

Ordne die Tiere richtig zu!

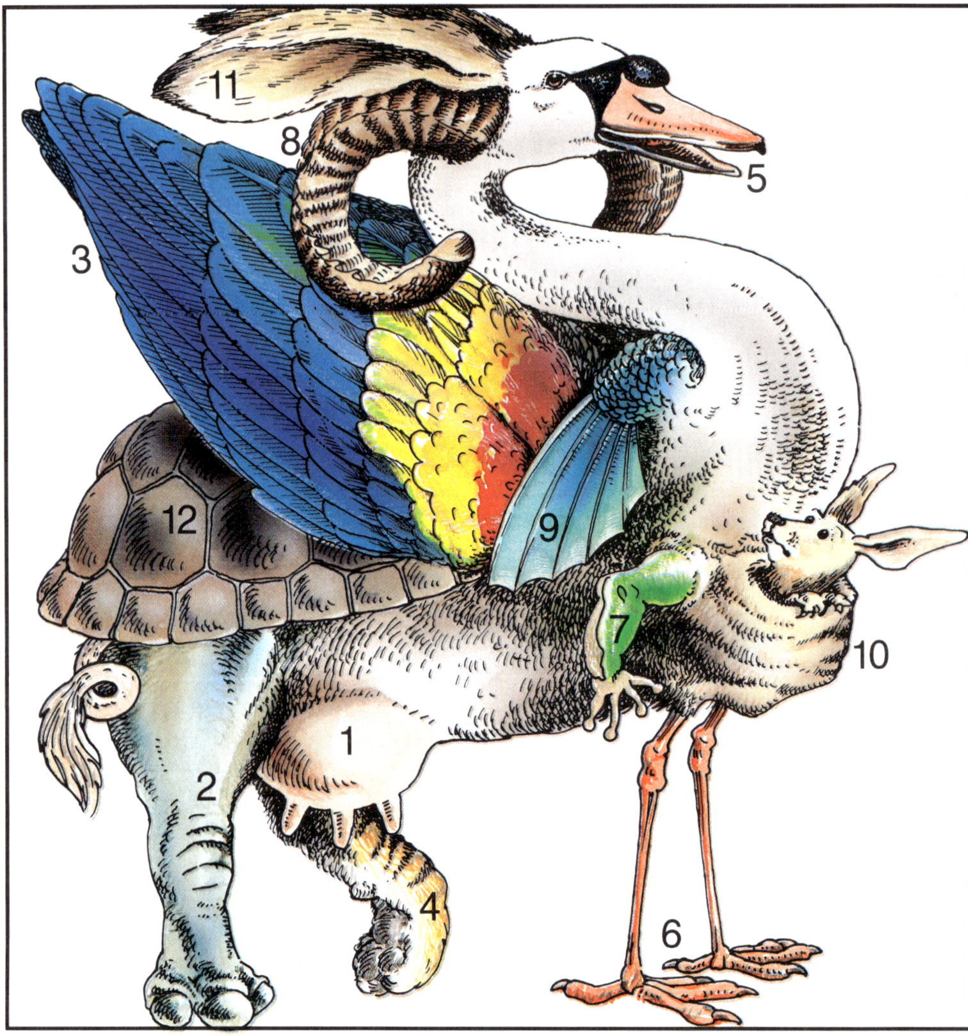

Ein kunterbuntes Fabeltier

Ordne die Tiere richtig zu!

miniLÜK Spielen,

Die 2in1 miniLÜK Lernspielhefte

für Kids ab Klasse 1

ABC
Buchstabenspiele von A bis Z
- erkennen und unterscheiden,
zuordnen und verknüpfen der Buchstaben -
ISBN 3-89414-705-9

Wörterspiele
Eine ideale Vorbereitung, um das Erstlesen der wichtigsten Grundwörter zu trainieren. Es wird mit Bild-Wort-Zuordnungen und Bild-Wort-Verknüpfungen gelernt; eine gute Grundlage, um längere Texte richtig zu begreifen.
ISBN 3-89414-708-3

Der kunterbunte Rechendrache
Einfache Zählübungen werden schnell von differenzierten Trainingsreihen zur Addition und Subtraktion bis 12 abgelöst.
Dann wird weitergeübt mit vermischten Übungen im Zahlenraum bis 20.
ISBN 3-89414-233-2